はじめに

本書は、はじめてピアノを習う子どもたちのための「おんがくドリル」です。

導入期の子どもたちが、音符や記号の学習、リズム練習などを通して、音楽の基礎を楽しく学ぶことができるよう、解説や問題は「分かりやすさ」にこだわりました。

シリーズを通して学習することで、いろいろな音部記号や音階、和音などを、無理なく理解できるようになります。

本書が、ピアノ教室だけでなく、家庭での学習にも役立つことを願っております。

なお、音楽用語は「新学習指導要領」に対応しております。

田丸信明

もくじ

オクターブきごう	4	もんだい（6）	16
もんだい（1）	5	もんだい（7）	17
半音	6	**音名**	18
音の たかさを かえる きごう	7	もんだい（8）	19
シャープ	7	**まんなかの音の 音名**	20
シャープを かきましょう	7	もんだい（9）	21
フラット	8	もんだい（10）	22
フラットを かきましょう	8	もんだい（11）	23
シャープと フラットを かきましょう	9	**16 ぶおんぷ**	24
ナチュラル	10	**16 ぶきゅうふ**	25
ナチュラルを かきましょう	11	リズムれんしゅう（1）	26
もんだい（2）	12	16 ぶおんぷと 16 ぶきゅうふを かきましょう	27
もんだい（3）	13	もんだい（12）	28
もんだい（4）	14	もんだい（13）	29
もんだい（5）	15		

ふてん8ぶおんぷ ………………… 30	もんだい(20) ………………… 44
ふてん8ぶきゅうふ ………………… 31	リズムれんしゅう(4) ………………… 45
リズムれんしゅう(2) ………………… 32	**音の つよさと よわさの きごう** ……… 46
ふてん8ぶおんぷと ふてん8ぶきゅうふを かきましょう ………………… 33	もんだい(21) ………………… 49
もんだい(14) ………………… 34	**いろいろな きごう** ………………… 50
もんだい(15) ………………… 35	もんだい(22) ………………… 51
3れんぷ ………………… 36	もんだい(23) ………………… 53
リズムれんしゅう(3) ………………… 37	**くりかえしの きごう** ………………… 54
もんだい(16) ………………… 38	もんだい(24) ………………… 55
もんだい(17) ………………… 39	もんだい(25) ………………… 56
スラー ………………… 40	**おぼえているかな(1)** ………………… 57
タイ ………………… 41	**おぼえているかな(2)** ………………… 58
もんだい(18) ………………… 42	**おぼえているかな(3)** ………………… 59
もんだい(19) ………………… 43	**こたえ** ………………… 60

おぼえましょう！

- *8va* ┄┄┐ が 上についている 音は 1オクターブ たかく えんそうします。

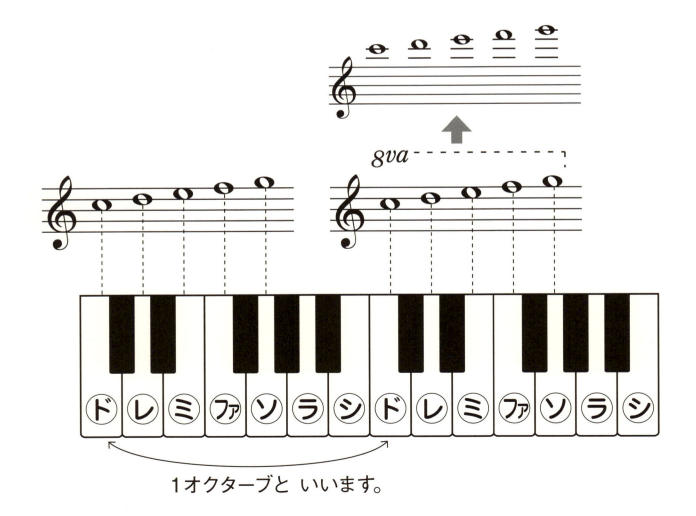

1オクターブと いいます。

もんだい（1）

1 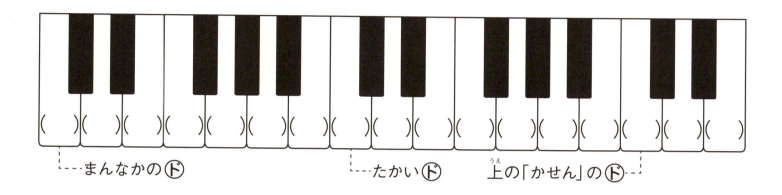 の けんばんは どれですか。（ ）の 中に まるを かきましょう。

2 おなじ 音を せんで つなぎましょう。

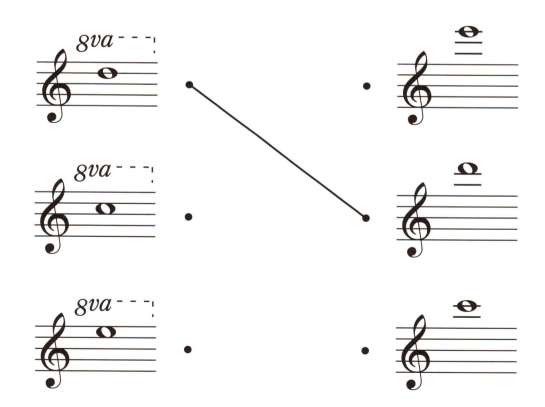

半音

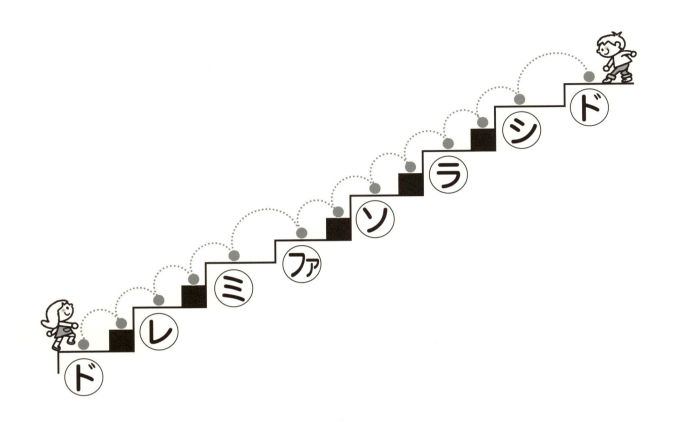

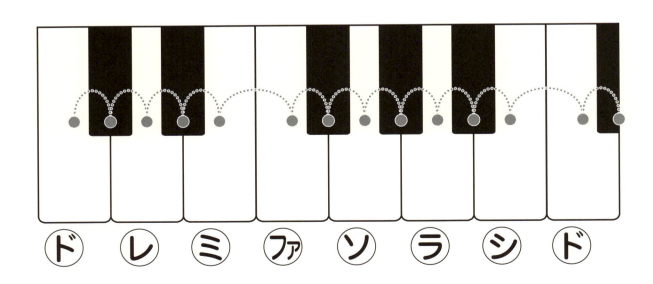

●と●の あいだ(⌒)を 半音と いいます。

音の たかさを かえる きごう

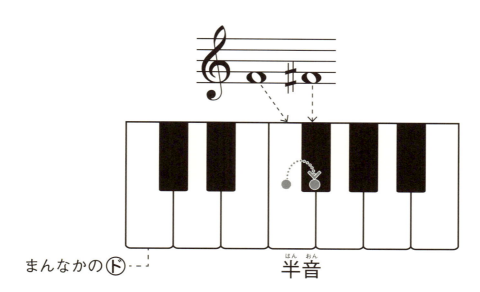

● てんせんを なぞって シャープ(♯)を かく れんしゅうを しましょう。

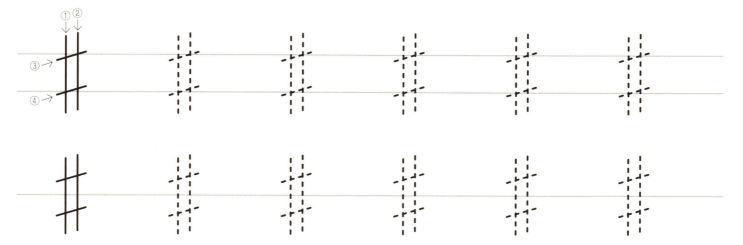

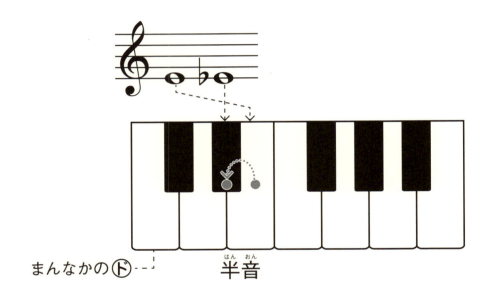

まんなかのド　半音

● てんせんを なぞって フラット（♭）を かく れんしゅうを しましょう。

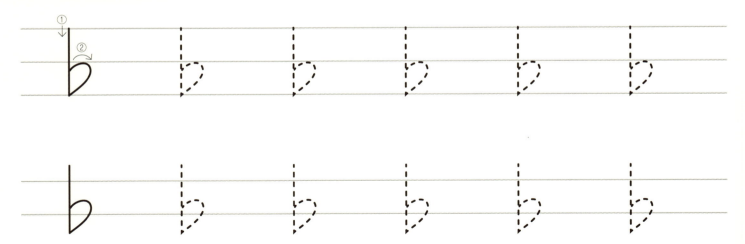

● てんせんを なぞってから シャープ(♯)を かきましょう。

だい3かんに かきましょう。

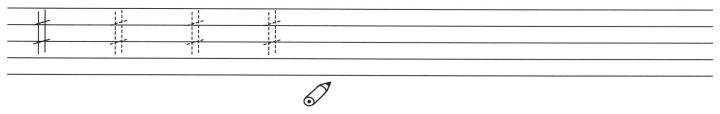

だい5せんに かきましょう。

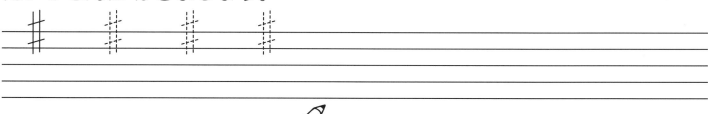

● てんせんを なぞってから フラット(♭)を かきましょう。

だい3せんに かきましょう。

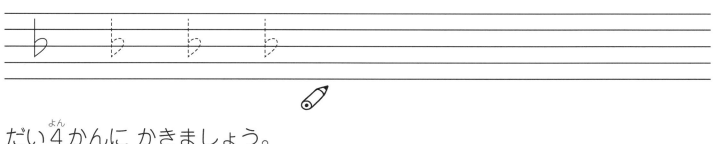

だい4かんに かきましょう。

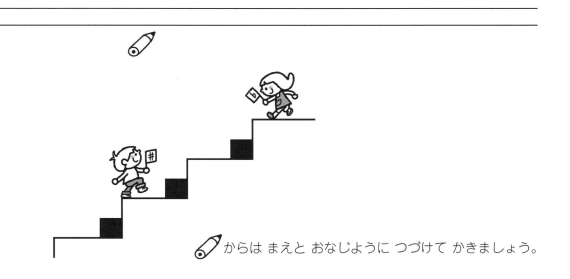

からは まえと おなじように つづけて かきましょう。

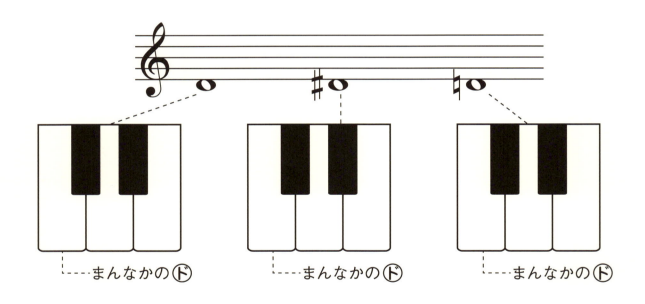

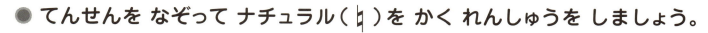

● てんせんを なぞって ナチュラル（♮）を かく れんしゅうを しましょう。

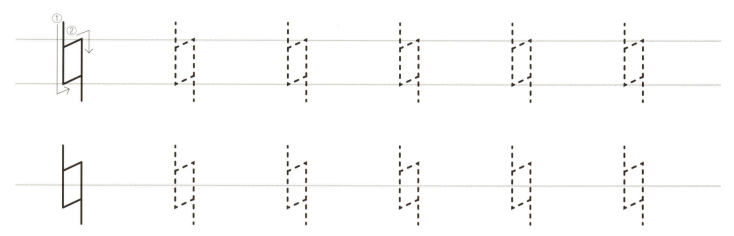

● てんせんを なぞってから ナチュラル（♮）を かきましょう。

だい4かんに かきましょう。

だい2せんに かきましょう。

もんだい（2）

1　きごうの なまえを かきましょう。

（　　　　　）　（　　　　　）　（　　　　　）

2　きごうと いみを せんで つなぎましょう。

♯　•　　　　　　　　　•　もとの たかさの 音に もどす

♭　•　　　　　　　　　•　半音 ひくく

♮　•　　　　　　　　　•　半音 たかく

3　♯（シャープ）の かきかたが ただしいのは どちらですか。（　）の 中に まるを かきましょう。

もんだい（3）

1 ①②③の 音の けんばんは どれですか。まるの 中に ばんごうを かきましょう。

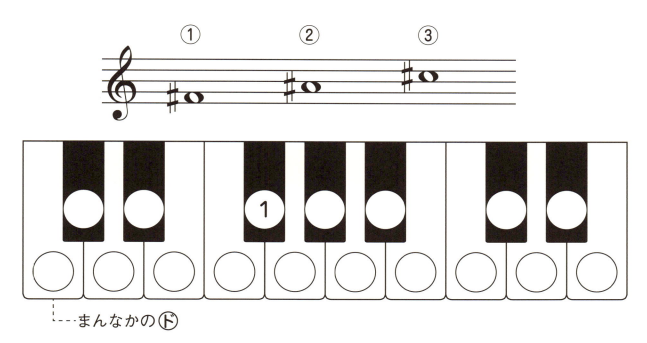

2 ①②③の 音の けんばんは どれですか。まるの 中に ばんごうを かきましょう。

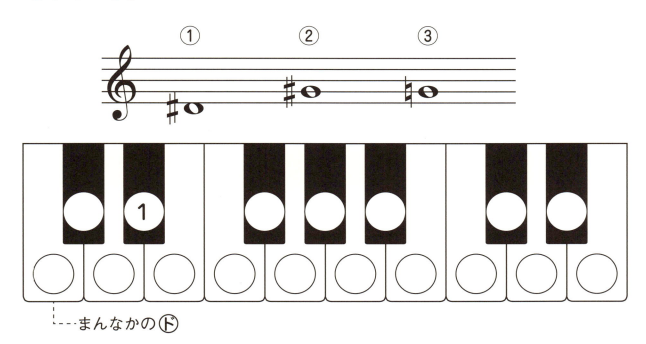

もんだい（４）

1 ①②③の 音の けんばんは どれですか。まるの 中に ばんごうを かきましょう。

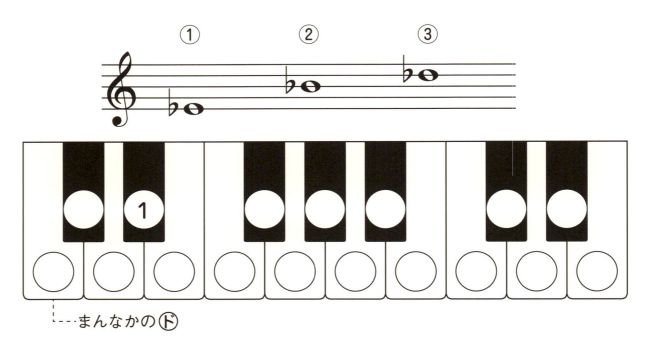

2 ①②③の 音の けんばんは どれですか。まるの 中に ばんごうを かきましょう。

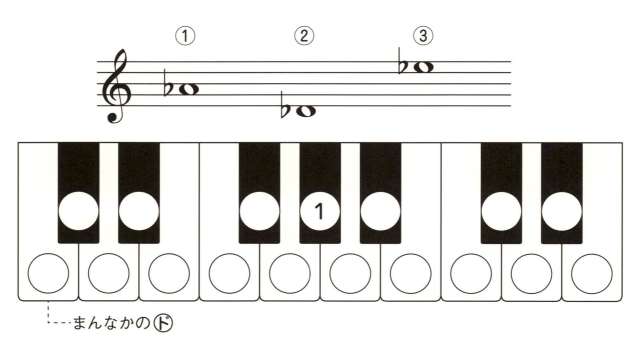

もんだい（5）

1 たかさが ひくい 音は どちらですか。（　）の 中に まるを かきましょう。

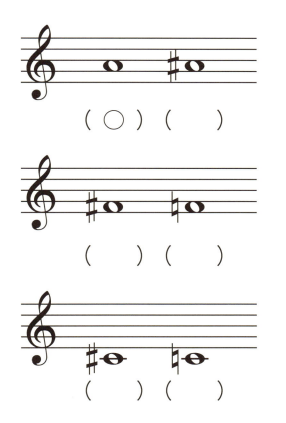

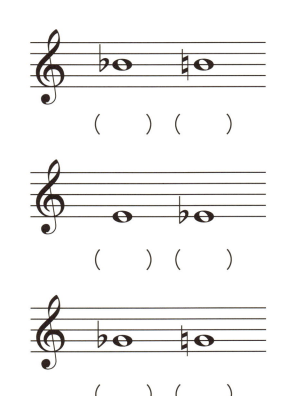

2 ①②③の けんばんの 音は どれですか。（　）の 中に ばんごうを かきましょう。

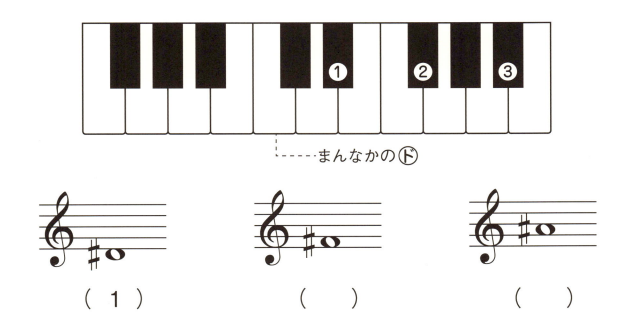

もんだい（6）

1 音の たかさが ひくい じゅんに（ ）の 中に ばんごうを かきましょう。

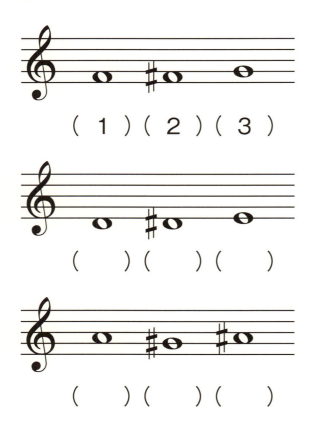
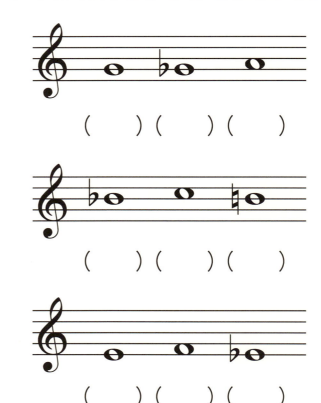

2 ①②③の けんばんの 音は どれですか。（ ）の 中に ばんごうを かきましょう。

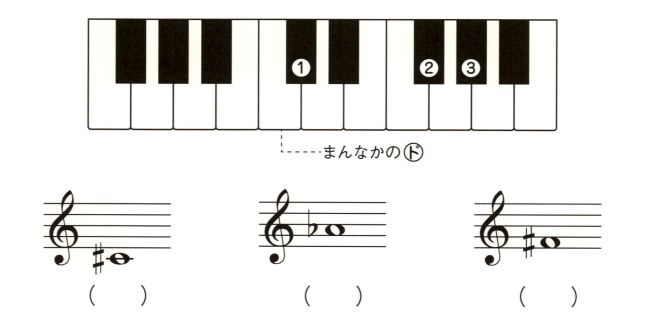

もんだい（7）

1 ①②③の 音の けんばんは どれですか。まるの 中に ばんごうを かきましょう。

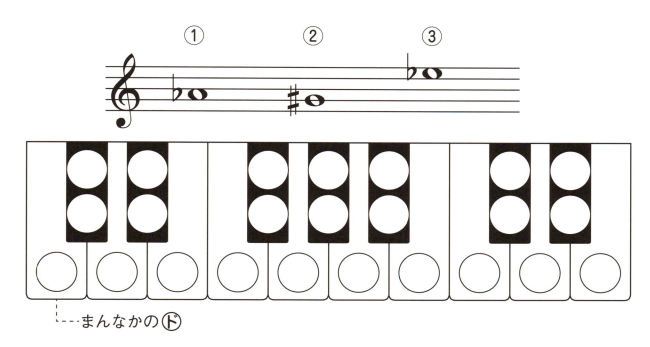

2 おなじ 音を せんで つなぎましょう。

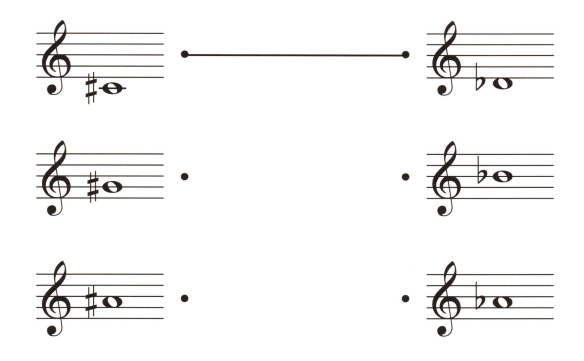

音名

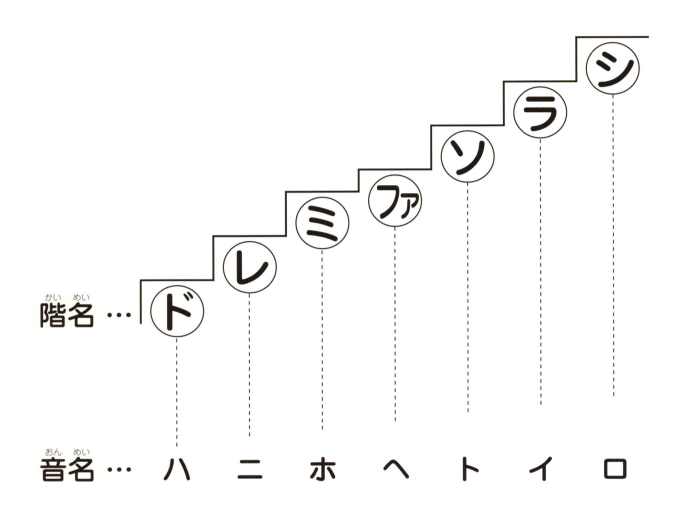

階名… ド レ ミ ファ ソ ラ シ

音名… ハ ニ ホ ヘ ト イ ロ

音の なまえを 音名と いいます。

もんだい（8）

1 階名を みて 音名を かきましょう。

ド　レ　ミ　ファ　ソ　ラ　シ
（ハ）（　）（　）（　）（　）（　）（　）

ミ　ド　レ　ソ　ファ　シ　ラ
（　）（　）（　）（　）（　）（　）（　）

2 音名を みて まるの 中に 階名を かきましょう。

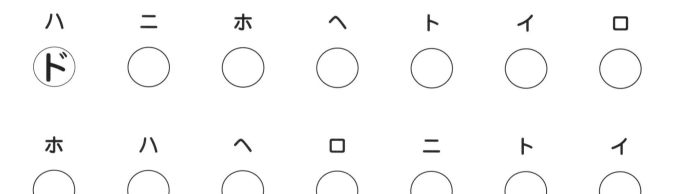

ハ　ニ　ホ　ヘ　ト　イ　ロ
ド　○　○　○　○　○　○

ホ　ハ　ヘ　ロ　ニ　ト　イ
○　○　○　○　○　○　○

3 音名が ただしいのは どれですか。（　）の 中に まるを かきましょう。

（　）ド → ハ　　　　（　）ソ → ト

（　）ミ → ト　　　　（　）ファ → ホ

まんなかの音の 音名

● 音名は たかさを あらわすことが できます。

まんなかの音 は 音名の 上に 点を 1つ つけます。

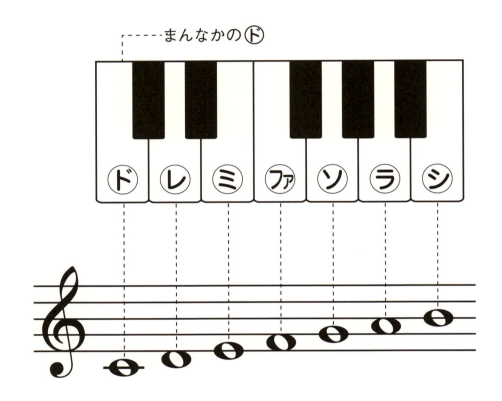

つけた点を「一点」と よみます。
たとえば ハは 「一点ハ」と よみます。

もんだい（9）

1 音名を かきましょう。

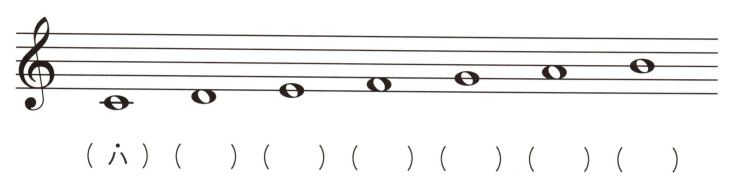

(ハ) ( ) ( ) ( ) ( ) ( ) ( )

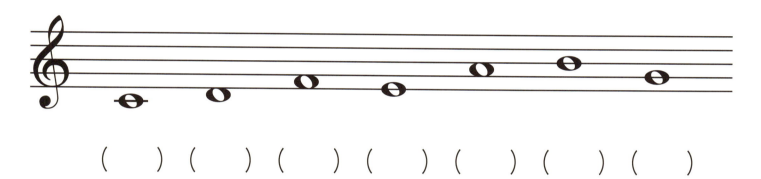

( ) ( ) ( ) ( ) ( ) ( ) ( )

2 ①②③の 音名の けんばんは どれですか。まるの 中に ばんごうを かきましょう。

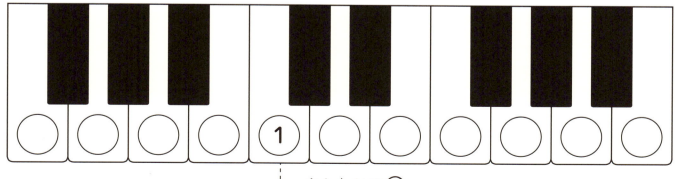

もんだい（10）

1 音名を かきましょう。

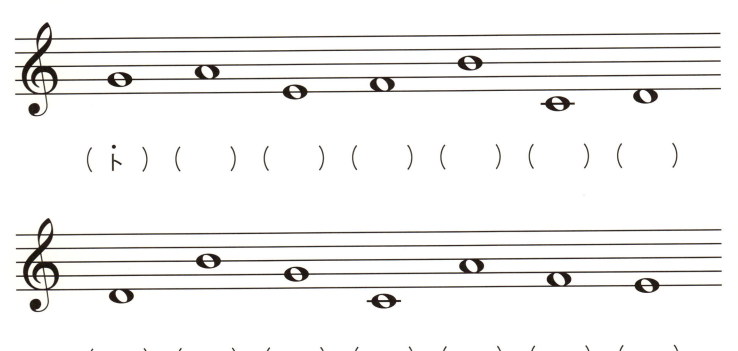

(ト) ( ) ( ) ( ) ( ) ( ) ( )

( ) ( ) ( ) ( ) ( ) ( ) ( )

2 ①②③の 音名の けんばんは どれですか。まるの 中に ばんごうを かきましょう。

① ニ　② ヘ　③ イ

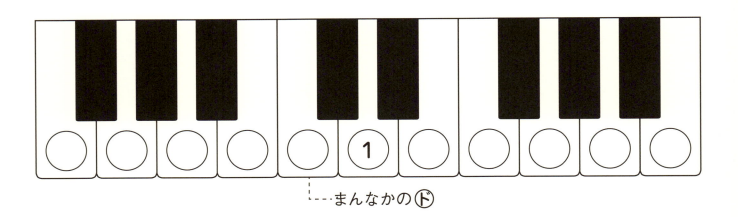

---まんなかの ド

もんだい (11)

1 音名を かきましょう。

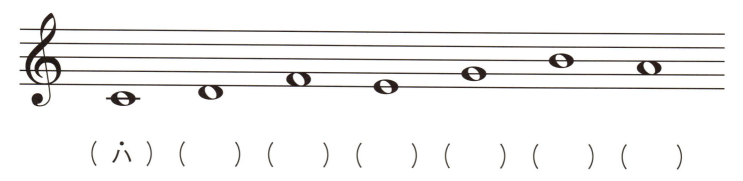

2 音を みて 音名を せんで つなぎましょう。

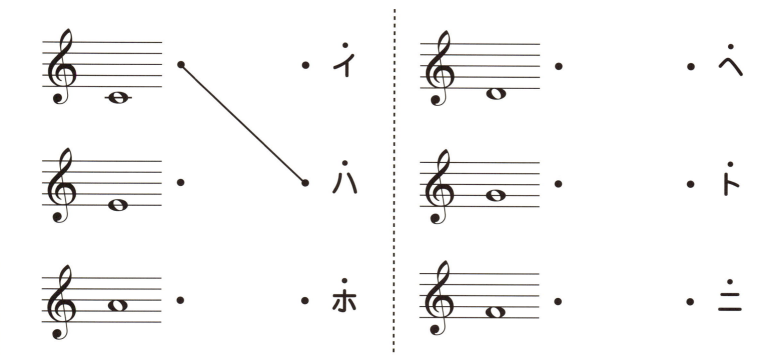

おぼえましょう！

● てを たたいて リズムれんしゅうを しましょう。

16ぶきゅうふ
（8ぶおんぷの はんぶん やすみます）

● てを たたいて リズムれんしゅうを しましょう。

チャレンジ！

リズムれんしゅう（1）

● てんせんを なぞってから 16ぶおんぷを かきましょう。

まんなかの ファ を かきましょう。

① はじめに まるを ぬりましょう。

とおんきごうも なぞりましょう。

へおんきごうの ファ を かきましょう。

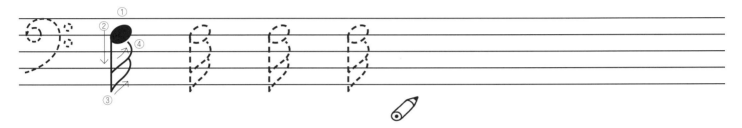

● てんせんを なぞってから 16ぶきゅうふを かきましょう。

だい3かんから かきはじめましょう。

① はじめに 上の まるを ぬりましょう。
③ 下の まるを ぬりましょう。

もんだい（12）

1 16ぶきゅうふの かきかたが ただしいのは どちらですか。（ ）の
中に まるを かきましょう。

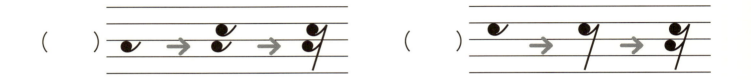

2 16ぶおんぷの かきかたが ただしいのは どちらですか。（ ）の 中に
まるを かきましょう。

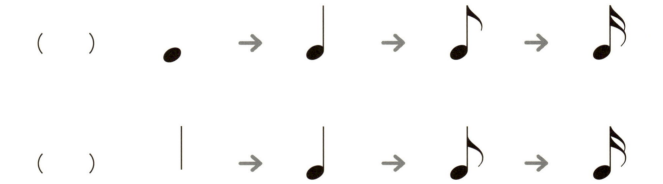

3 ながさが みじかいのは どちらですか。（ ）の 中に まるを かきましょう。

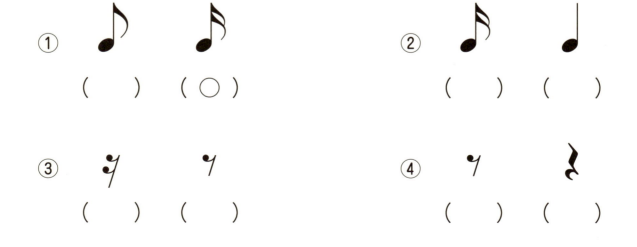

もんだい (13)

1 おんぷの なまえを かきましょう。

(　　　)　(　　　)　(　　　)

2 きゅうふの なまえを かきましょう。

(　　　)　(　　　)　(　　　)

3 おんぷの ながさが みじかい じゅんに ばんごうを かきましょう。

(　　　)　(　　　)　(1)　(　　　)

4 きゅうふの ながさが みじかい じゅんに ばんごうを かきましょう。

(1)　(　　　)　(　　　)　(　　　)

> おぼえましょう！

- ふてん8ぶおんぷ（♪.）と 16ぶおんぷ（♪）を つなげると ♪.♪の リズムに なります。

- てを たたいて リズムれんしゅうを しましょう。

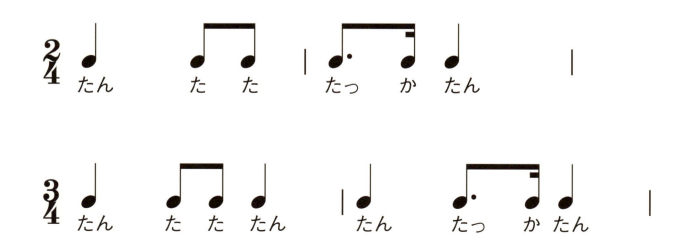

ふてん8ぶきゅうふ

(8ぶきゅうふと 16ぶきゅうふを あわせたぶん やすみます)

● てを たたいて リズムれんしゅうを しましょう。

チャレンジ！

リズムれんしゅう（2）

1

2

3

4

● てんせんを なぞってから ふてん8ぶおんぷを かきましょう。

● てんせんを なぞってから ふてん8ぶきゅうふを かきましょう。

もんだい（14）

1 おんぷの なまえを かきましょう。

(   ) (   ) (   )

2 きゅうふの なまえを かきましょう。

(   ) (   ) (   )

3 ながさが みじかいのは どちらですか。（　）の 中に まるを かきましょう。

もんだい (15)

1 おんぷの なまえを かきましょう。

(　　　　　)　　(　　　　　)(　　　　　)

2 おんぷの ながさが みじかい じゅんに ばんごうを かきましょう。

(　　)　　(　　)　　(　　)　　(　　)

3 きゅうふの ながさが みじかい じゅんに ばんごうを かきましょう。

(　　)　　(　　)　　(　　)　　(　　)

4 おなじ ながさの おんぷと きゅうふを せんで つなぎましょう。

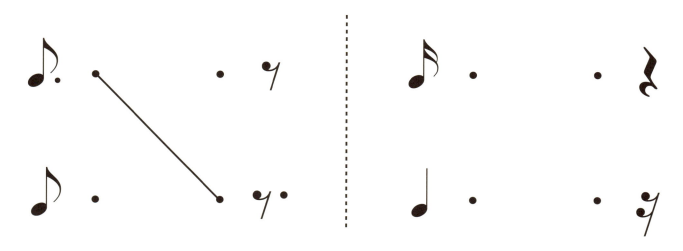

おぼえましょう！

● てを たたいて リズムれんしゅうを しましょう。

リズムれんしゅう（3）

もんだい (16)

1 3れんぷは どれですか。( )の 中に まるを かきましょう。

2 ひょうしきごうを みて じゅうせんを かきましょう。

もんだい (17)

1. おなじ ながさの おんぷを ( ) の 中に 1つ かきましょう。

2. 3れんぷは どれですか。( ) の 中に まるを かきましょう。

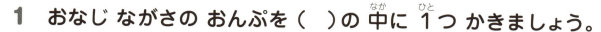

3. おんぷの ながさの けいさんを しましょう。( ) の 中に おんぷを 1つ かきましょう。

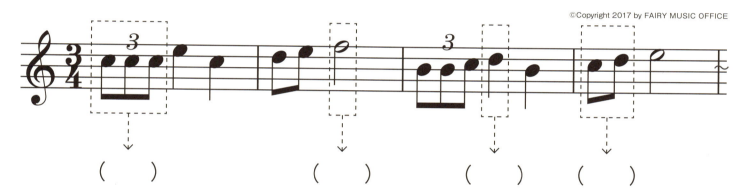

おぼえましょう！

スラー

2つ いじょうの ちがう たかさの 音を なめらかに えんそうする きごうです。

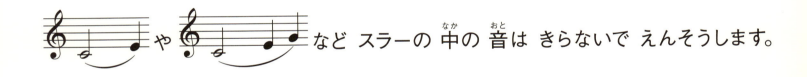

や　　　　　など スラーの 中の 音は きらないで えんそうします。

タイ

となりあった おなじ たかさの 音を つないで
1つの 音に する きごうです。

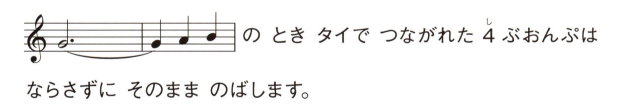

の とき タイで つながれた 4ぶおんぷは

ならさずに そのまま のばします。

♩.♩ は 3ぱくと 1ぱくを あわせて 4はくに なります。

もんだい (18)

1 ①と②の きごうと なまえを せんで つなぎましょう。

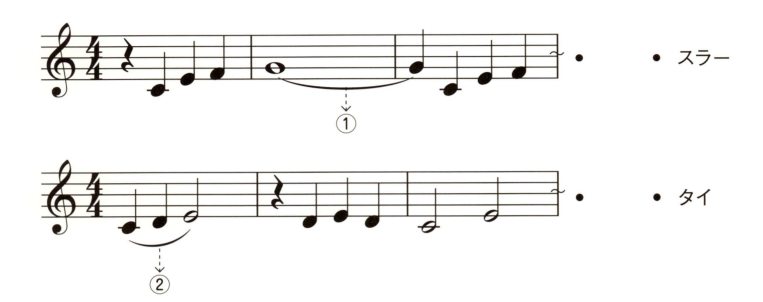

・スラー

・タイ

2 つぎの がくふに スラーは いくつ ありますか。

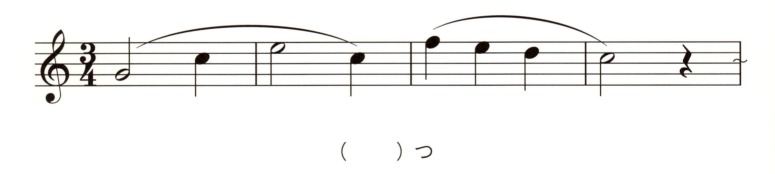

（　　）つ

3 つぎの がくふに タイは いくつ ありますか。

（　　）つ

もんだい (19)

1 （ ）の 中に きごうの なまえを かきましょう。

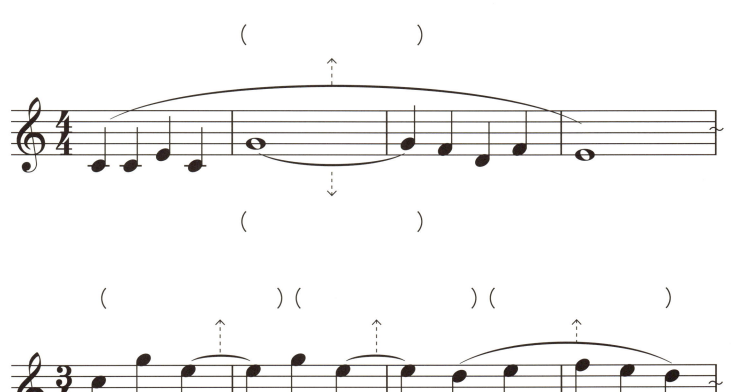

2 タイで つながれたときの ながさは どれですか。（ ）の 中に まるを かきましょう。

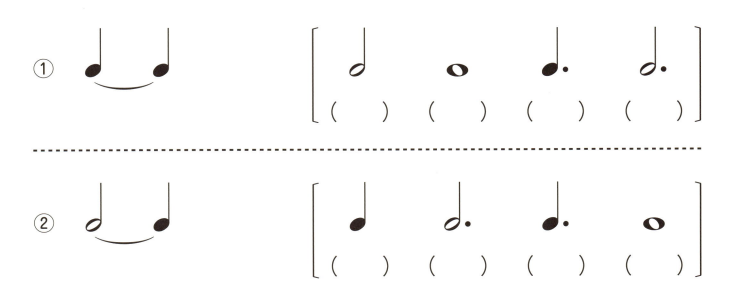

もんだい (20)

1 スラーは どれですか。( )の 中に まるを かきましょう。

( )　　　　　　　( )　　　　　　　( )

2 タイは どれですか。( )の 中に まるを かきましょう。

( )　　　　　　　( )　　　　　　　( )

3 タイで つながれたときの ながさを かきましょう。( )の 中に おんぷを 1つ かきましょう。

リズムれんしゅう（4）

音の つよさと よわさの きごう

● 音の つよさと よわさを あらわす きごうを おぼえましょう。

mf

メッゾ・フォルテ

（すこし つよく）

● てんせんを なぞってから メッゾ・フォルテ（*mf*）を かきましょう。

つよい ●●●●●●●●●●●●

f
フォルテ

mf
メッゾ・フォルテ

mp

メッゾ・ピアノ

（すこし よわく）

● てんせんを なぞってから メッゾ・ピアノ（mp）を かきましょう。

よわい

mp
メッゾ・ピアノ

p
ピアノ

クレシェンド
（だんだん つよく）

デクレシェンド
（だんだん よわく）

つよく ——————————————————————————— よわく

mf　　　*mp*

よわく ——————————————————————————— つよく

mp　　　*mf*

アクセント
（その音だけを つよく）

もんだい (21)

1 ( )の 中に きごうの よみかたや なまえを かきましょう。

mf   *mp*   ＞

(　　　　)   (　　　　　)   (　　　　　　)

       ＜　　　　　　＞

(　　　　　)   (　　　　　　)

2 きごうの ただしい いみは どれですか。( )の 中に まるを かきましょう。

mp →   つよく   すこし つよく   よわく   すこし よわく
           (　)   (　)   (　)   (　)

3 音を すこし つよくする きごうは どれですか。
( )の 中に まるを かきましょう。

f   *mp*   *p*   *mf*   ＞

(　)   (　)   (　)   (　)   (　)

4 きごうと いみを せんで つなぎましょう。

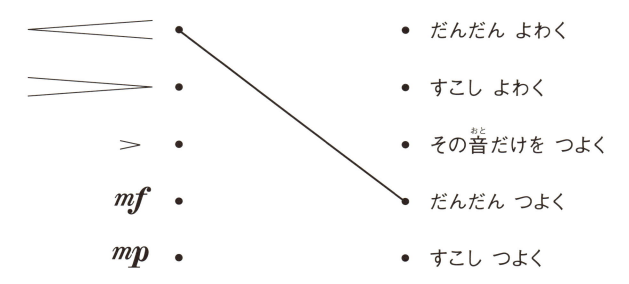

いろいろな きごう

スタッカート
（音を みじかく きる）

のように えんそうします。

スタッカティッシモ
（スタッカートよりも
音を みじかく きる）

のように えんそうします。

メッゾ・スタッカート
（スタッカートよりも
音を すこし のばす）

のように えんそうします。

もんだい (22)

1 ( )の 中に きごうの なまえを かきましょう。

音を みじかく きる

(　　　　　　　　　　　　)

スタッカートよりも 音を みじかく きる

(　　　　　　　　　　　　)

スタッカートよりも 音を すこし のばす

(　　　　　　　　　　　　)

2 えんそうする 音の ながさが みじかい ほうは どちらですか。( )の 中に まるを かきましょう。

テヌート
（音の ながさを じゅうぶんに たもつ）

その 音を しっかり のばします。

フェルマータ
（もとの ながさよりも のばす）

その おんぷや きゅうふよりも
ながさを のばします。

もんだい (23)

1　（　）の 中に きごうの なまえを かきましょう。

音の ながさを じゅうぶんに たもつ

（　　　　　　　）

もとの ながさよりも のばす

（　　　　　　　）

2　えんそうする ながさが ながい ほうは どちらですか。（　）の 中に まるを かきましょう。

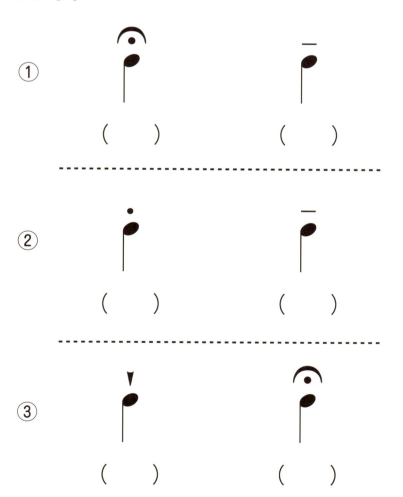

くりかえしの きごう

● えんそうする じゅんばんと しょうせつの かずを おぼえましょう。

𝄆 𝄇 が あるときは 𝄆 𝄇 の あいだの しょうせつを もういちど えんそうします。

えんそうする じゅんばんは ①→②→③→④→③→④ です。
6(ろく)しょうせつ えんそうします。

𝄇 だけの ときは はじめの しょうせつに もどり もういちど えんそうします。

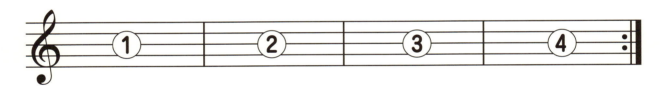

えんそうする じゅんばんは ①→②→③→④→①→②→③→④ です。
8(はっ)しょうせつ えんそうします。

1.⌐ ̄ ̄ ̄¬ を 1(いっ)かい ひいて 𝄇 で くりかえします。
2(に)かいめは 1.⌐ ̄ ̄ ̄¬ を ひかないで 2.⌐ ̄ ̄ ̄¬ へ すすみます。

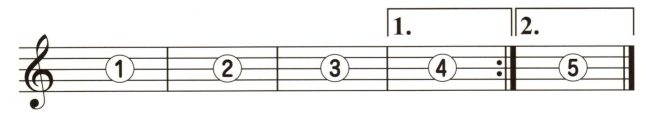

えんそうする じゅんばんは ①→②→③→④→①→②→③→⑤ です。
8(はっ)しょうせつ えんそうします。

54

もんだい (24)

● ①〜④の がくふは なんしょうせつ えんそうしますか。

①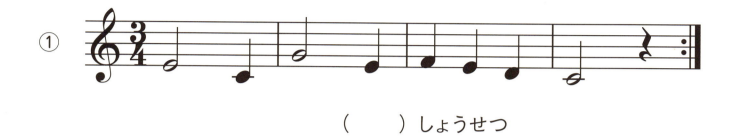

（　　）しょうせつ

②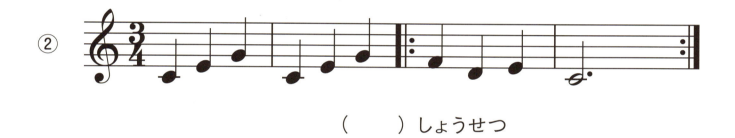

（　　）しょうせつ

③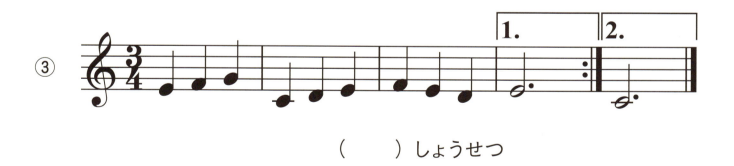

（　　）しょうせつ

④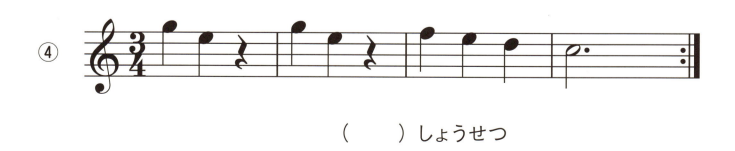

（　　）しょうせつ

もんだい（25）

● えんそうする じゅんばんを まるの 中(なか)に ばんごうで かきましょう。

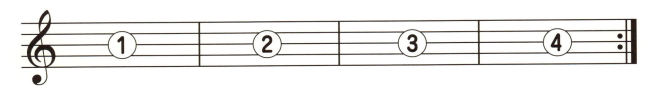

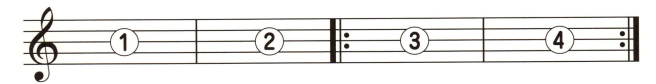

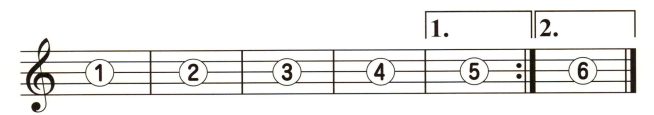

おぼえているかな（1）

1 おんぷの なまえを かきましょう。

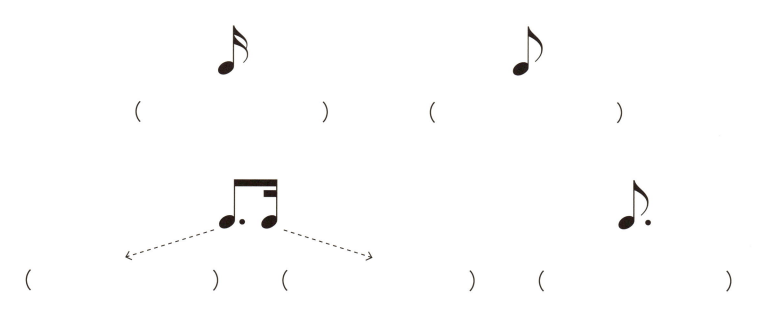

2 きゅうふの なまえを かきましょう。

3 きごうの なまえを かきましょう。

おぼえているかな（2）

1 きごうと いみを せんで つなぎましょう。

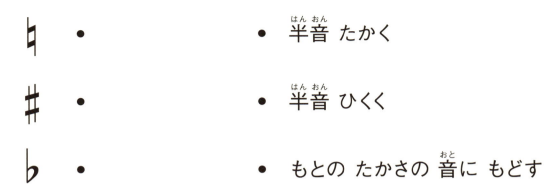

2 ①②③の 音の けんばんは どれですか。まるの 中に ばんごうを かきましょう。

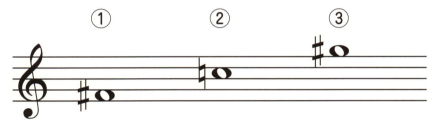

3 階名と 音名を かきましょう。

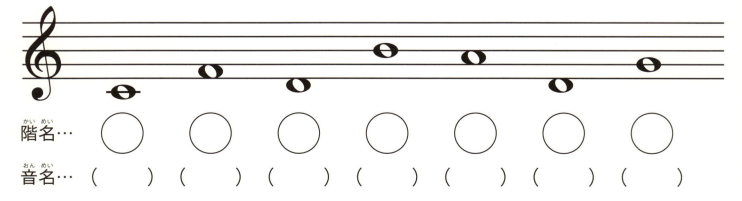

おぼえているかな（3）

1 音名を かきましょう。

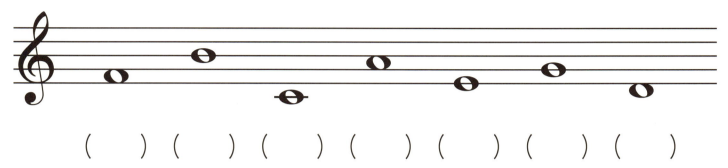

2 （ ）の 中に きごうの なまえを かきましょう。

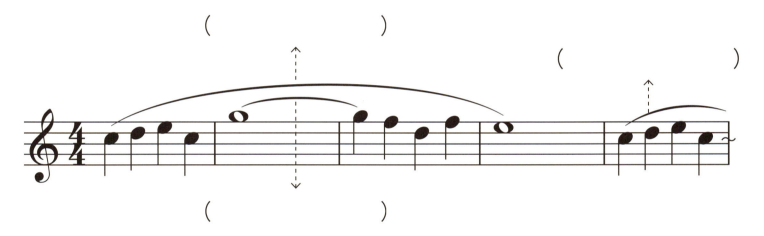

3 （ ）の 中に きごうの よみかたや なまえを かきましょう。

4 まるの 中に えんそうする じゅんばんを ばんごうで かきましょう。

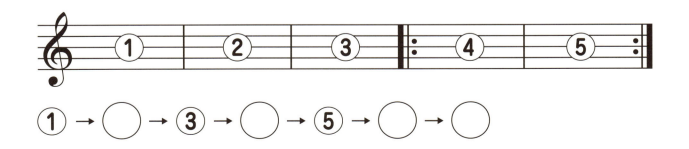

こたえ

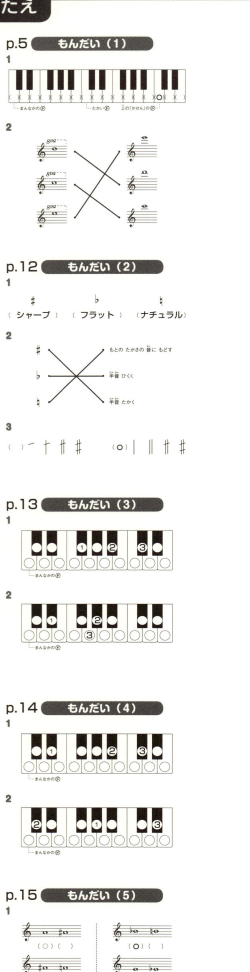
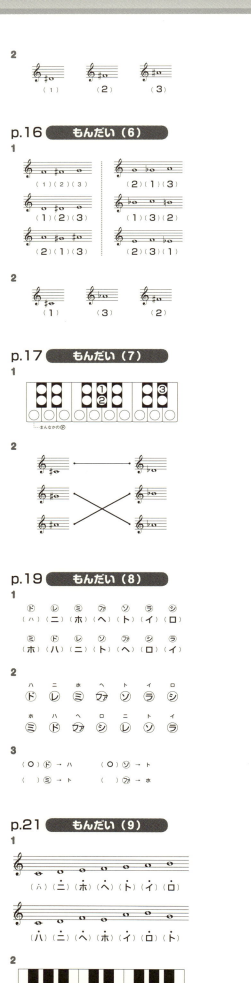
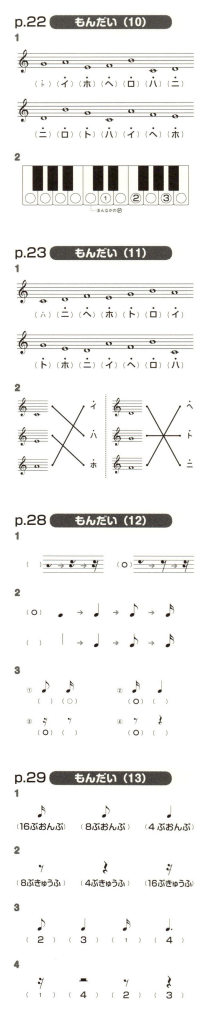

こたえ

p.34 もんだい（14）
1. （8ぶおんぷ）（ふてん8ぶおんぷ）（16ぶおんぷ）
2. （8ぶきゅうふ）（ふてん8ぶきゅうふ）（4ぶきゅうふ）
3. ①（○）（ ） ②（ ）（○） ③（ ）（○） ④（ ）（ ）

p.35 もんだい（15）
1. （8ぶおんぷ）（ふてん8ぶおんぷ）（16ぶおんぷ）
2. （3）（1）（4）（2）
3. （4）（1）（3）（2）
4.

p.38 もんだい（16）
1. （ ）（○）（ ）（ ）
2.

p.39 もんだい（17）
1.

p.42 もんだい（18）
1. ①スラー ②タイ
2. （2）つ
3. （2）つ

p.43 もんだい（19）
1. （スラー）（タイ）（タイ）（スラー）
2.

p.44 もんだい（20）
1. （○）（ ）（○）
2. （○）（ ）（○）
3.

p.49 もんだい（21）
1. （メッゾ・フォルテ）（メッゾ・ピアノ）（アクセント）
（デクレシェンド）（クレシェンド）

2. mp → つよく すこしつよく よわく すこしよわく
　　　　（ ）　　（ ）　　（ ）　　（○）
3. f mp p mf ＞
  （ ）（ ）（ ）（○）（ ）
4. （クロスマッチ）

p.51 もんだい（22）
1. 音を みじかく きる （スタッカート）
スタッカートよりも 音を みじかく きる （スタッカティッシモ）
スタッカートよりも 音を すこし のばす （メッゾ・スタッカート）
2. ①（ ）（○） ②（ ）（○） ③（○）（ ）

p.53 もんだい（23）
1. 音の ながさを じゅうぶんに たもつ （テヌート）
もとの ながさよりも のばす （フェルマータ）
2.

p.55 もんだい（24）
① （8）しょうせつ
② （6）しょうせつ
③ （8）しょうせつ
④ （8）しょうせつ

こたえ

p.56 もんだい（25）

①→②→③→④→①→②→③→④

①→②→③→④→③→④

①→②→③→④→⑤→①→②→③→④→⑥

①→②→③→④→⑤→⑥→①→②→③→④→⑤→⑥

p.57 おぼえているかな（1）

1
（16ぶおんぷ）　（8ぶおんぷ）

（ふてん8ぶおんぷ）　（16ぶおんぷ）　（ふてん8ぶおんぷ）

2
（16ぶきゅうふ）　（8ぶきゅうふ）　（ふてん8ぶきゅうふ）

3
（シャープ）　（フラット）　（ナチュラル）

p.58 おぼえているかな（2）

1
♯ — 半音 たかく
♭ — 半音 ひくく
♮ — もとの たかさの 音に もどす

2

…まんなかの ド

3
音名：ド　ファ　レ　シ　ラ　レ　ソ
音名：（ハ）（ヘ）（ニ）（ロ）（イ）（ニ）（ト）

p.59 おぼえているかな（3）

1
（ヘ）（ロ）（ハ）（イ）（ホ）（ト）（ニ）

2

（スラー）　（スラー）
（タイ）

3
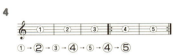
mf（メッゾ・フォルテ）　mp（メッゾ・ピアノ）　（クレシェンド）

4
①→②→③→④→⑤→④→⑤

予習と復習のための
おうちでもできる！　おんがくドリル ④

著者	田丸信明
表紙デザイン	いなだゆかり（株式会社 PIG-D'S）
イラストレーション	ひのあけみ
楽譜浄書	福田美代子
印刷	中央精版印刷株式会社

発行年月日　2017年　5月25日　初　版
　　　　　　2023年 12月20日　第4刷

発行人　土屋　徹
編集人　滝口勝弘

発行所　株式会社Gakken
〒141-8416　東京都品川区西五反田2-11-8

●この楽譜に関する各種お問い合わせ先
楽譜の内容については、下記サイトのお問い合わせフォームよりお願いします。
https://www.corp-gakken.co.jp/contact/
在庫については　Tel 03-6431-1250（販売部）
不良品（落丁、乱丁）については　Tel 0570-000577
学研業務センター　〒354-0045 埼玉県入間郡三芳町上富279-1
上記以外のお問い合わせ　Tel 0570-056-710（学研グループ総合案内）

©Gakken
本書の無断転載、複製、複写（コピー）、翻訳を禁じます。
本書を代行業者等の第三者に依頼してスキャンやデジタル化することは、たとえ個人や家庭内の利用であっても、著作権法上、認められておりません。

©Copyright 2017 by FAIRY MUSIC OFFICE の著作物には編曲および修正も含まれます。

学研グループの商品についての新刊情報・詳細情報は、下記をご覧ください。
学研おんがく.net　https://gakken-ongaku.net/
学研出版サイト　https://hon.gakken.jp/

皆様へのお願い
楽譜や歌詞・音楽書などの出版物を権利者に無断で複製（コピー）することは、著作権の侵害にあたり、著作権法により罰せられます。
また、出版物からの不法なコピーが行われますと、出版社は正常な出版活動が困難となり、ついには皆様方が必要とされるものも出版できなくなります。

音楽出版社と日本音楽著作権協会（JASRAC）は、著作者の権利を守り、なおいっそう優れた作品の出版普及に全力をあげて努力してまいります。
どうか不法コピーの防止に、皆様方のご協力をお願い申し上げます。
株式会社Gakken
一般社団法人　日本音楽著作権協会（JASRAC）

修了証書
しゅう りょう しょう しょ

(なまえ) _____

「おうちでもできる！ おんがくドリル」④が
おわりました。

「おうちでもできる！ おんがくドリル」⑤へ
すすみましょう。

　ねん　　がつ　　にち
　年　　月　　日

_____

(指導者名) _____